LINGUAGGIO DEL CORPO 3.0

MANUALE COMPLETO SULLA COMUNICAZIONE NON VERBALE. TECNICHE PRATICHE PER DECIFRARE, IN POCHI SECONDI, LE ESPRESSIONI, I GESTI E I MOVIMENTI DELLE PERSONE

Nicola Carbone

Copyright © 2021 di Nicola Carbone

Nota Legale

Usando i contenuti e le informazioni in questo libro, accetti di ritenere l'Autore libero da qualsiasi danno, costo e spesa, incluse le spese legali che potrebbero risultare dall'applicazione di una qualsiasi delle informazioni contenute in questo libro. Questa avvertenza si applica a qualsiasi perdita, danno o lesione causata dall'applicazione dei contenuti di questo libro, direttamente o indirettamente, in violazione di un contratto, per torto, negligenza, lesioni personali, intenti criminali o sotto qualsiasi altra circostanza.

Concordi di accettare tutti i rischi derivati dall'uso delle informazioni presentate in questo libro.

Accetti che, continuando a leggere questo libro, quando appropriato e/o necessario, consulterai un professionista (inclusi, ma non limitati a, il tuo dottore, avvocato, consulente finanziario o altri professionisti del genere) prima di usare i rimedi, le tecniche o le informazioni suggeriti in questo libro.

Tabella dei contenuti

Introduzione

Parla per noi (più) delle parole. Influenza le opinioni degli altri. È la pagina di un libro che narra emozioni, stati d'animo e timori radicati in profondità. Che ci piaccia oppure no, il linguaggio del corpo costituisce un'elevata percentuale della comunicazione tra esseri umani. Di conseguenza, i nostri gesti sono in grado d'influenzare i rapporti che intratteniamo con amici, colleghi, familiari, partner e sconosciuti. Perché se è vero che il corpo lancia dei messaggi tanto chiari quanto silenziosi, non dobbiamo sottovalutare il potere delle nostre capacità innate:

decodificare i segnali non verbali degli interlocutori e fare una buona/cattiva «prima impressione». *Mio caro lettore*, ti è mai capitato di pensare: «quella persona non mi è simpatica. Non ha fatto nulla di male, ma continua a non piacermi! *È una questione di pelle*».

Qual è il significato autentico di quest'espressione: mi piace/non mi piace «*a pelle*»?

È sufficiente apprendere le basi della comunicazione non verbale per svelare il mistero. Ognuno di noi è infatti provvisto di complesse strutture muscolari – basti pensare alla "maschera figurale" del nostro viso – che permettono di veicolare centinaia e centinaia di emozioni differenti. Sul piano sia anatomico sia fisiologico, il nostro organismo è progettato per trasmettere informazioni. Non a caso, la branca di studi che approfondiremo nei prossimi capitoli prende il nome di *linguaggio del corpo* e, più in generale, di *comunicazione non verbale*.

Comunicare senza l'uso delle parole, della voce. È davvero possibile?

Per scoprirlo, ho scelto di raccogliere tutte le informazioni maturate in oltre sette anni di studio *«matto e disperatissimo» nel* manuale che stringi tra le mani. Quest'ultimo non vuole essere né un tratto scientifico né un testo di dimensioni enciclopediche, bensì una raccolta di <u>esercizi, tecniche e curiosità</u> da integrare alla tua routine quotidiana. Attenzione, però: la scelta di sottrarmi alla redazione di una bibliografia di ricerca – sul modello di quelle universitarie – non rende il linguaggio del corpo meno scientifico. Tutt'altro. La letteratura a noi contemporanea è ricca di materiale da leggere e approfondire. Da Paul Ekman alla psicologa sociale Amy Cuddy, dal ricercatore Alex Todorov ai coniugi Allan e Barbara Pease: è sufficiente conoscere le basi del fascinoso universo della comunicazione non verbale per intuire una grande verità.

Non è sufficiente padroneggiare il linguaggio delle parole per esprimere noi stessi in modo autentico e consapevole; è altrettanto importante apprendere le "basi grammaticali" delle emozioni e del corpo, dei gesti e delle espressioni.

Mio caro lettore, posso quasi immaginare i pensieri che ti frullano per la testa: «sembra interessante, ma quali sono i vantaggi della comunicazione non verbale? Insomma, perché mai dovrei studiare da zero una nuova lingua – non più semplice dell'inglese, del tedesco o delle spagnolo – se comunque non so che farmene?».

La domanda è lecita: *a cosa serve il linguaggio del corpo?*

Voglio che a risponderti non sia io, ma qualcuno di più abile e famoso di me: Henrik Fexeus, mentalista e conduttore televisivo svedese, nonché scrittore di sette libri sul tema della psicologia e sulla persuasione. Egli afferma quanto segue: *«per **stabilire un buon rapporto** [con gli individui] è necessario adattarsi alle strategie di comunicazione favorite dall'altra persona».*

Che vorrà mai dire?

Abbiamo a disposizione oltre cento pagine per scoprirlo, ma al momento ti basti sapere che non esiste buona comunicazione senza <u>sintonia, empatia e feeling</u> col tuo interlocutore. Il linguaggio del corpo è, a tal proposito, il *jolly* da giocare in tutte le situazione della quotidianità:

dalla promozione in ufficio alla seduzione, dall'esame universitario più temuto della triennale alla vendita di beni/servizi nella tua nicchia professionale. Essere abili comunicatori non verbali instaura *legami di fiducia* con le altre persone, dando il giusto sprint alla tua crescita motivazionale, caratteriale e finanziaria. Non ci credi? Pensaci per un solo istante: ti circonderesti mai di persone che camminano con testa e spalle basse, comportamenti poco espressivi, atteggiamenti lenti e un po' «ingessati», nonché con una scarsa propensione a sorridere? Questo esempio "esagerato" serve a farti capire che senza «compatibilità» tra i due parlanti, <u>gesti e parole perdono il loro significato.</u>

D'altro canto, non hai bisogno di migliaia di parole per creare intesa con l'altra persona: oltre il 50% della comunicazione tra esseri umani avviene sul piano non verbale. E ti dirò di più: anche il linguaggio verbale – quello che crediamo erroneamente sia il protagonista della nostra vita relazionale – viene processato dai due canali non verbali: il sistema rappresentazionale e quello delle percezioni. Il primo si concentra sulla centralità delle sensazioni – la famosa «simpatia a pelle» di cui ti ho già parlato – il secondo è invece il contenitore di convinzioni, valori e pregiudizi personali. Quello che sto cercando di dirti è che, anche quando crediamo di persuadere gli altri usando un vocabolario ricco e forbito, rischiamo di mandare a monte i nostri piani per via di un linguaggio corporeo che sfugge al nostro controllo.

Ti ho incuriosito?

Allora mettiti comodo, perché in questo libro apprenderai:

- Tutti i principali segnali della comunicazione non verbale, i quali ti trasformeranno nello *Sherlock Holmes* del linguaggio del corpo!
- L'importanza della prossemica, della cinesica e della percezione aptica. È tempo di potenziare i cinque sensi e raggiungere nuovi livelli di espressione verbale e non verbale.
- Esercizi e tecniche da adottare nei vari contesti della vita quotidiana. Credo infatti che il modo

migliore per apprendere e memorizzare nozioni sia viverle sulla propria pelle.

- Approfondimenti, curiosità, consigli bonus e tanti esempi da cui prendere spunto per trasformarti, a tempo di record, nella migliore versione di te stesso.

Vuoi davvero tirarti indietro?

Ti consiglio di metterti comodo, prendere una matita (o l'evidenziatore del tuo Kindle reader) e partire per un viaggio all'insegna del miglioramento personale. Perché sì, la *copertina del libro che siamo* si presenta agli altri per mezzo di sorrisi, strette di mano, ghigni, microespressioni del viso, posture e tic. E a loro volta, anche i nostri interlocutori producono un elevato materiale non verbale in risposta alle impressioni e alle sensazioni che abbiamo scaturito in loro. In questo scenario di scambi silenziosi e carichi di significato, non posso che augurarti una buona lettura con una delle mie citazioni preferite: *«non solo ci* *comportiamo come siamo, ma **diventiamo come ci comportiamo**»* - scrive Amy Cuddy[1].

E tu, sei pronto a diventare chi hai sempre sognato di essere?

---

[1] Ricercatrice presso la Harvard University. I suoi studi sul linguaggio del corpo sono stati pubblicati su riviste scientifiche di fama mondiale. Con il suo ultimo best-seller *"Il potere emotivo dei gesti"*, ha scalato le classifiche di vendita e tradotto il frutto delle sue intuizioni scientifiche in oltre 29 lingue. La dottoressa Cuddy è, in tal senso, il punto di riferimento a noi contemporaneo per tutti gli appassionati di <u>comunicazione non verbale, sociologia e self-help.</u>

Capitolo 1 – Come *(e perché)* capire il linguaggio del corpo

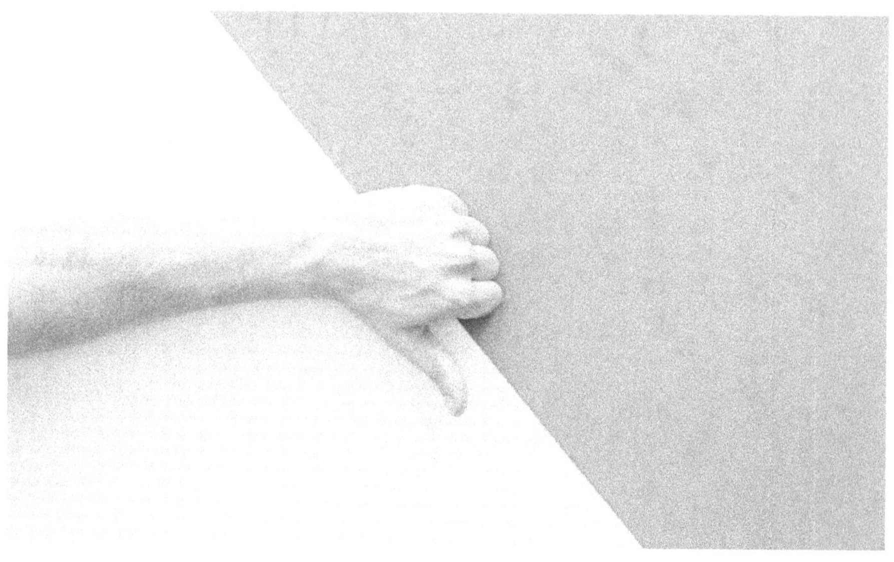

Mio caro lettore, ti è mai capitato di incontrare una persona e di chiederti: «chissà dove vuole andare a parare?». È una pratica comune, alla base della comunicazione tra esseri umani. Non è sufficiente focalizzare le nostre attenzioni soltanto su *quello che l'interlocutore dice*; dobbiamo piuttosto interpretare ciò che l'interlocutore *intende davvero dire*. O meglio: *quello che l'interlocutore fa*. Nel momento in cui rivolgiamo la nostra attenzione al discorso di uno (o più) parlanti, ci mettiamo alla ricerca di <u>significati nascosti</u>. Questi ultimi ci forniscono delle «**informazioni complementari**», cioè delle nozioni desunte non soltanto dal messaggio verbale, ma anche dalla sfera somatica. Il linguaggio del corpo, di conseguenza, ci consente di cogliere una lunga serie di **meta-messaggi** trasmessi dalla posizione delle spalle, dalla gestualità, dalle microespressioni del viso e dal tono della voce.

E ti dirò di più: <u>i codici para-linguistici sono universali</u>.

Mi chiederai: «universali? Ne sei davvero sicuro? Un tedesco potrebbe fraintendere il ricco patrimonio di gesti che usiamo noi italiani, no?».

Sì, non posso darti torto. Attenzione, però: la comunicazione non verbale non riguarda soltanto i segnali espliciti – tra i tanti, sollevare il pollice per dire «okay», scuotere la testa a destra e a sinistra per negare, utilizzare indice e medio in segno di vittoria *e così via*. Di conseguenza, sebbene le diversità sociali e culturali siano numerose, esiste un <u>substrato somatico uguale dappertutto</u>.

In giunta, la comunicazione non verbale è spesso **invisibile, inconscia e implicita**. Padroneggiare il linguaggio del corpo significa <u>associare</u> ciò che vediamo e sentiamo nell'ambiente che ci circonda alle trasformazioni comportamenti nostre e altrui. Ognuno di noi ha conosciuto qualcuno che, dopo aver messo piede in un ufficio o in una qualsiasi stanza piena di persone, ha saputo intuire i legami e le relazioni sussistenti tra i membri del gruppo. Quest'inedita capacità di interpretare gli atteggiamenti e i «modi di fare» degli altri, è alla base del successo personale. Il motivo? È molto semplice: consente di entrare nelle grazie del leader, di tenere lontani gli individui falsi e bugiardi – che rischiano di compromettere la tua reputazione – di avere successo con i potenziali partner e, ultimo ma non per importanza, di ricoprire il ruolo di persona carismatica, divertente e indispensabile. Riflettici per un secondo: il linguaggio del corpo avvera l'intimo desiderio di (quasi) tutti gli adolescenti, il *farsi accettare da un gruppo*.

«Ciò che dici sembra interessante, ma io cosa me ne faccio di tutte queste informazioni? Ho passato la maggiore età già da un pezzo e ho altre necessità!» - mi dirai. Non posso smentirti, *mio caro lettore*. Ma ti consiglio di non sottovalutare il potere della comunicazione "irrazionale". Citando le parole di Allan e Barbara Pease: «*il linguaggio del corpo è il riflesso dello stato emozionale del sogge*tto».

Sai cosa significa?

Studiando la comunicazione non verbale apprenderai come gestire il «dialogo silenzioso» del tuo corpo, così da manipolare la percezione altrui (e ottenere tutto ciò che hai sempre sognato). Immagina di tenere una breve presentazione nel corso di un meeting lavorativo. Vuoi essere persuasivo e convincente, ma non nutri fiducia nelle tue abilità oratorie. Di conseguenza, inizi a ripetere meccanicamente tutte le informazioni rilevanti del tuo progetto imprenditoriale senza preoccuparti della reazione dell'uditorio. Se, per esempio, gli ascoltatori siedono di fronte a te con le spalle basse, le braccia incrociate al petto e le gambe accavallate, beh, forse è il caso di... *cambiare strategia*[2].

Ora, esistono due tipologie di individui: A) **il percettivo**, cioè l'oratore che «sente che c'è qualcosa che non va» e si lascia guidare dalle sue intuizioni «viscerali» e B) il non percettivo, ovverosia colui che fila dritto come un treno rischiando di trasformare la sua grande idea in un nulla di fatto.

La domanda sorge dunque spontanea: cosa significa essere percettivi? Facendo affidamento, ancora una volta, sulle ricerche dei coniugi Pease scopriamo quanto segue: «essere percettivi significa essere capaci di individuare <u>le contraddizioni tra i linguaggio orale e il linguaggio corporeo</u> di un soggetto». E questo, *mio caro lettore,* sarà l'argomento del prossimo capitolo incentrato quasi del tutto sulla *menzogna.* Perché se è vero che ogni individuo si serve di due canali comunicativi contemporaneamente – quello verbale e quello non verbale – è il caso di

---

[2] Nel linguaggio del corpo le posture chiuse, incrociate e serrate trasmettono un messaggio di freddezza, disinteresse e scarsa attenzione.

chiedersi quale dei due sia quello «onesto» in caso appaiano contradditori tra loro. Insomma, a chi credere? Alle parole dell'interlocutore o alle sue microespressioni facciali? Alle sue scuse orali oppure al suo atteggiamento posturale aggressivo e chiuso? Ai suoi complimenti verbali o ancora al suo tono di voce stridulo e scattoso?

Chi dice la verità: la lingua o il corpo? Come risolvere la contraddizione di cui ci hanno parlato i coniugi Pease?

Arrivati a questo punto, credo tu intuisca già la risposta che sto per darti. Inoltre, dal momento che il primo capitolo di ogni manuale sul linguaggio del corpo è sempre il più delicato – poiché deve conquistarsi la fiducia (o meno) del lettore – ho scelto di rispondere alla domanda precedente con un'altra citazione. È di Henrik Fexeus, il mentalista svedese che hai già conosciuto nell'introduzione a questo libro: «se non esiste accordo tra le parole e quel che esprimono linguaggio del corpo e voce, *l'interlocutore finirà col seguire il messaggio non verbale*».

Il messaggio non verbale vince su quello verbale. Sempre.

Le tre regole must-know per apprendere le basi del linguaggio del corpo

Mio caro lettore, prima di passare in rassegna i gesti pratici che devi assolutamente conoscere per padroneggiare il *tuo* linguaggio del corpo e interpretare quello degli *altri*, ti suggerisco di prestare estrema attenzione alle 3 regole universali della comunicazione non verbale. Sebbene siano *fon-da-men-ta-li*, non tutti i manuali le mettono in evidenza nella convinzione (errata) che siano banali o superflue. Eppure, sarà la tua abilità di cogliere i dettagli che ti trasformerà in un vero Sherlock del linguaggio somatico! Senza una comprensione d'insieme, finiresti per dimenticare le posture, i gesti e le microespressioni a tempo di record.

Regola numero #1 – Leggere i cluster somatici

Con il termine cluster, gli scienziati fanno riferimento a un insieme di gesti non verbali coerenti tra loro. L'esempio che faccio sempre ai miei studenti spiega il concetto in modo impeccabile. Immagina d'interpretare lo stato emotivo di una tua collega. Durante la pausa caffè la saluti e intavoli una conversazione in sua compagnia, ma noti che lei ha le braccia strette al petto e le spalle ricurve verso il basso. Qual è il pre-giudizio che scatta nella tua mente?

«Non ha nessuna voglia di parlare con me! Forse è meglio se la lascio in pace... non devo poi esserle molto simpatico se il suo corpo assume una posizione di chiusura!»

Vero o falso?

La risposta – come spesso accade – è più complessa del previsto: *dipende*.

La protagonista dell'esempio potrebbe essere infreddolita o dolorante – magari ha svolto una sessione intensiva di ginnastica col suo Personal Trainer e sente dolore muscolare, può avere un crampo allo stomaco o un leggero mal di schiena perché ha sollevato le buste della spesa. L'unico modo per scoprire la verità è analizzare gli altri segnali della sua comunicazione non verbale. Se paragoniamo un singolo gesto del corpo a una parola, vien da sé che per comporre una frase di senso compiuto sia opportuno usare più gesti/parole collegati tra loro.

La parola «odio», scollegata da qualsiasi contesto, potrebbe sembrare negativa *a priori.*

Ma se la integro in una frase «odio la pasta con i broccoli», «odio la violenza» oppure «odio quando la connessione internet non funziona», capisci bene che il messaggio *a posteriori* è stemperato e, in alcuni casi, opposto a quello di partenza.

Allo stesso modo, il gesto non verbale del «grattarsi la testa» potrebbe comunicare forte incertezza oppure... la necessità di uno shampoo! *Amico mio*, magari il tuo interlocutore ha un problema di forfora.

Di conseguenza, ti consiglio di adottare una forte «valutazione critica» prima di giungere a conclusioni affrettate. E il mio consiglio vale, in particolar modo, per gli affari di cuore: se vuoi conquistare l'attenzione di un Lui o di una Lei, non essere frettoloso/a. Rischierai di bruciarti mille chance di successo, facendoti condizionare dal primo atteggiamento di chiusura o di apertura. Ricorda: il cluster è sempre la soluzione vincente – *a proposito, nei prossimi capitoli ti spiegherò come costruirne uno.*

Regola numero #2 – La coerenza è il segreto della comprensione

Nel paragrafo precedente ti ho salutato con una riflessione a suo modo rivoluzionaria: il linguaggio del corpo ha un impatto superiore rispetto alla comunicazione orale, ovverosia basata sulla parola. E ti dirò di più: a differenza degli uomini, <u>le donne sono abili manipolatrici</u> del linguaggio del corpo e sono in grado di comprende, con maggior chiarezza, quando i due canali d'espressione (verbale e non verbale) sono incoerenti tra loro. *Mio caro lettore*, se ti chiedessi «trovi il mio libro interessante?», potrei imbattermi in due scenari: A) la tua risposta è «no, non lo trovo interessante / sì, lo trovo interessante» e il tuo linguaggio del corpo risulta *coerente* alle tue opinioni personali oppure B) la tua risposta è «no, non lo trovo interessate / sì, lo trovo interessante» ma il tuo cluster somatico trasmette *il concetto opposto* a quello che hai espresso a parole.

In quest'ultimo caso, come ti ho già detto, la verità risiede nelle movenze del corpo e non nelle bugie della lingua!

Lo stesso Sigmund Freud– il padre della psicoanalisi – era solito interpretare il linguaggio somatico delle ricche pazienti viennesi che visitavano il suo studio. In una delle sue celebri comunicazioni al movimento psicoanalitico, Freud racconta la vicenda di una giovane neo-sposa che alla domanda «lei è contenta del suo matrimonio?» si comportò nel modo seguente: A) rispose «sì, assolutamente! Non ho nulla di cui lamentarmi» e B) cominciò a sfilare e infilare la fede nuziale con atteggiamento scattoso e nervoso. Beh, sembrava proprio che... *volesse liberarsene il prima possibile!* Freud non fu stupito quando la donna, a distanza di qualche settimana, cominciò a lamentarsi dello sventurato marito!

Regola numero #3 – Il contesto minimizza la possibilità di sbagliare

Da quello che ho scritto, avrai intuito che il linguaggio del corpo – pur essendo comprovato da centinaia e centinaia di ricerche scientifiche – non è una disciplina semplice da padroneggiare. Non ha nulla a che vedere con le regole della matematica e della fisica o con le abilità di un chimico e di un biologo. La branca in questione è più fluida e dinamica, nonché utilizzabile nei tanti aspetti della vita quotidiana. E si sa, il rischio di cadere in errore è sempre dietro l'angolo! La terza – e ultima – regola del bravo studente, di conseguenza, consiste nell'analisi del *contesto/ambiente* in cui avviene la lettura del cluster. Chiedere indicazioni a uno sconosciuto, nella piazza più affollata della tua città e all'ora di punta, innesca uno stato mentale differente rispetto alla stessa domanda posta a mezzanotte al medesimo sconosciuto, ma questa volta in un vicolo buio. L'ambiente influisce enormemente sullo stato emozionale e *non verbale* dell'interlocutore: ciò non significa che lui/lei sia scortese o sulla difensiva, ma che reagisce in accordo alle sue esperienze precedenti.

Per quanto possibile, mi sforzerò di approfondire tutti i principali gesti del linguaggio corporeo calandoli nel loro contesto di appartenenza.

E ricorda, come ripete spesso Amy Cuddy: «il tuo linguaggio del corpo modella chi sei».

È arrivato il momento di passare all'azione!

Capitolo 2 – *Giù la maschera!* Il linguaggio del corpo e la menzogna

Mio caro lettore, posso iniziare il Capitolo 2 con una provocazione? Immagina la tua giornata-tipo. Cosa accadrebbe se ti chiedessi di pronunciare a voce alta *tutte le parole* che ti passano per la testa, senza alcuna *auto-censura*? Quale sarebbe il risultato? Mi sono portato avanti e ho fantasticato su alcune situazioni possibili: «Grazie Marco, sei stato gentilissimo. *Ma per l'amor del cielo, la tua erre moscia è la più fastidiosa che abbia mai sentito!*», «Ciao amore, ma quanto sei elegante! *Però la*

prossima volta ascolta i miei consigli di stile, sembri comunque uscito da un film anni Ottanta», o ancora «va bene professoressa, cercherò di fare del mio meglio al prossimo esame! *Se solo la smettessi di rompere le scatole. Io non saprò niente, ma tu non sai spiegare, vecchia gallina!»*. E sì, ho stemperato le migliaia e migliaia di occasioni spiacevoli in cui rischieremmo non soltanto di collezionare denunce come figurine, ma anche di… rimanere progressivamente soli.

Arrivati a questo punto, è probabile tu ti stia chiedendo: «dove vuoi andare a parare? Cos'ha a che vedere tutto questo con le menzogne e col linguaggio del corpo?». In primo luogo, voglio portarti a riflettere su una verità troppo spesso sottovalutata: <u>le bugie sono il collante delle nostre relazioni sociali</u>. Quest'ultime si fondano sul rispetto, sulla stima e sulla fiducia reciproca, e rischiano di essere compromesse ogni qual volta le nostre opinioni risultano essere troppo sincere e offensive. Ciò non significa che tutti noi siamo bugiardi seriali: le menzogne che pronunciamo ogni giorno per intrattenere relazioni umane pacifiche sono definite *bianche; sono le bugie a fin di bene.* Quando invece manipoliamo la realtà per ingannare gli altri e ottenere un vantaggio personale, ci serviamo di *bugie malevole.*

Insomma, *alzi la mano chi non ha mai avuto a che fare con un bugiardo della peggior specie.* Nessuno? Lo immaginavo!

Capita molto spesso di smascherare il «Pinocchio» che incontriamo in ufficio, in università, in famiglia o nel nostro gruppo di amici. Altrettanto spesso siamo però incapaci di riconoscere il vero volto della persona che ci sta davanti, ci lasciamo manipolare e, a malincuore, ferire. Per tenerci lontani da questo circolo di negatività è necessario disporre di prove oggettive: segnali inequivocabili capaci di metterci sull'attenti e di far scattare il pensiero che «questo qui non me la racconta giusta!». E per quanto possa sembrare banale, ti assicuro che la lettura del corpo di un bugiardo è quanto di più complesso e sottile esista: è necessario – per dirla con Sherlock Holmes - «iniziare a osservare».

«Lei vede, Mr. Watson, ma non osserva!» - rimproverava il celebre investigatore britannico al suo sfortunato braccio destro.

In questo capitolo ci concentreremo in particolar modo sui segnali facciali. Sorrisi, pruriti improvvisi, posizioni delle labbra e movimenti degli occhi sono i diretti responsabili di una *verità non detta*. Il motivo? Quando il bugiardo decide di celare il pensiero dominante, deve fare i conti con un rapido, *ma universale* «conflitto emozionale». Due *tendenze opposte* – la prima smaniosa di rivelare la verità e la seconda concepita per mascherare il pensiero – si scontrano in una frazione di secondo e generano dei micro-cambiamenti del viso. Sarò sincero con te: saperli cogliere, analizzare e interpretare non è un compito di poco conto. Per questo motivo, ho scelto di condividere alcuni cluster somatici molto comuni che potrebbero velocizzare la tua fase di apprendimento.

Cominciamo?

I 5 segnali del corpo per scoprire un bugiardo seriale

Mio caro lettore, mentire è difficile. Non soltanto è necessario manipolare la realtà sul piano verbale, ma è anche importante controllare tutte le <u>reazioni fisiologiche</u> dell'organismo. Tra le tante, il leggero rossore delle gote, la dilatazione delle pupille, la contrazione delle labbra e l'aumento della sudorazione e del battito cardiaco. L'insieme di queste informazioni – se così possiamo definirle – sfugge allo sguardo delle persone meno attente. Viene però interpretato dai venditori specializzati, dagli intervistatori e dai professionisti che operano nei corpi speciali. Non è un caso che gli interrogatori vengano svolti in stanze ampie e vuote: questo consente di analizzare la comunicazione non verbale dell'interlocutore, tenendo sotto controllo le sue imprevedibili reazioni somatiche.

Ma non voglio scoraggiarti: con un po' di pratica, chiunque può riconoscere i segnali del corpo di un bugiardo. Di conseguenza, ho scelto di passare in rassegna i cinque gesti che devi assolutamente conoscere per muovere i primi passi nel mondo dell'interpretazione del linguaggio somatico e delle microespressioni del volto. E ricorda che la presenza di due/tre segnali concomitanti genera un cluster somatico che darà veridicità alla tua tesi. *Impossibile sbagliare!*

#1 – Il bugiardo copre la bocca con la mano. È stato dimostrato che gli individui hanno un controllo soltanto relativo sui <u>gesti di nervosismo</u> trasmessi dal proprio corpo. Se la persona con cui ti stai relazionando copre la bocca con il palmo della mano o anche solo con un dito, sta inconsciamente tentando di... tenere a freno la lingua! Il segnale richiama alla memoria il classico «Sssst!» che impone il silenzio, spesso usato dai genitori per impartire l'educazione all'ultimo arrivato in famiglia. Nell'età adulta, il soggetto tende a collegare il bisogno di tacere qualcosa al coprire le labbra e la bocca. È un retaggio della sua infanzia, un'abitudine di cui è difficile liberarsi. La prossima volta che il tuo interlocutore adotta il segnale #1, prova a interrompere la conversazione e chiedigli: «c'è qualcosa che non va? Non sei d'accordo? Ti vedo dubbioso…». Questa semplice domanda ti permetterà d'incalzare l'altra persona, invitandola a «vuotare il sacco». Insomma, mettere alle strette un interlocutore che non te la racconta buona è il modo migliore per avvicinarti alla verità, passo dopo passo.

#2 – Il bugiardo si gratta il collo. Toccare il collo e la nuca con la mano dominante – cioè quella con cui si scrive – è un segnale che denota incertezza e dubbio. Se hai fatto una proposta al tuo interlocutore in stile «che dici, proviamo il nuovo ristorante indiano in Corso Umberto?» e lui/lei ti ha risposto «sì dai, non mi sembra una cattiva idea» toccandosi il collo/nuca con la mano, è probabile che esista *contraddizione tra parole e gesti del corpo*. L'interlocutore non è convinto di accettare la tua proposta, ma decide di darti corda per quieto vivere. Discorso analogo vale per tutte le frasi di cortesia del tipo: «ci sono passato anch'io», «capisco esattamente come ti senti» e ancora «mi dispiace davvero tanto per quello che è accaduto». Se la controparte continua a sfregare la mano sul collo e sulla nuca... *qui catta ci cova!*

#3 – Il bugiardo si stropiccia l'occhio. Mio caro lettore, se hai cominciato a familiarizzare con le manifestazioni somatiche della comunicazione non verbale, avrai compreso che esistono correlazioni tra abitudini della nostra infanzia e gestualità dell'età adulta. L'atto di stropicciare gli occhi – almeno che non si tratti di un'improvvisa forma di allergia... ah, questi maledetti pollini! – è un segnale inconscio che sta a significare: «non vedo / non voglio farmi vedere». Il modo migliore per mascherare una bugia pronunciata *vis a vis* è distogliere lo sguardo oppure coprire le microespressioni del volto con un gesto forte e vigoroso. Attenzione: ricorda che il segnale #3 è tra i preferiti degli uomini che mentono. Le donne sono solite distogliere lo sguardo o grattare la parte inferiore dell'occhio. Sarebbe un vero peccato rovinare il make-up per una menzogna di troppo!

Di conseguenza, presta attenzione alle differenze tra sessi per migliorare le tue competenze di detective somatico!

#4 – Il bugiardo sente un improvviso prurito al naso. Toccare il naso è tra i gesti più comuni. Nella maggior parte dei casi, il gesto #4 consiste in uno sfregamento rapido, leggero e quasi impercettibile della punta (in prossimità delle narici). E se ti stai chiedendo «qual è lo scopo di un movimento così veloce?», non sottovalutare il potere della… copertura. Quando il dito gratta il naso, la mano copre le labbra e la bocca. In questo modo, il bugiardo ha la possibilità di nascondere i tic nervosi che irrigidiscono il viso. Non dimenticare che il segnale #4 viene usato dalle persone quando sono arrabbiate, agitate e nervose in occasione di un impegno importante. La prossima volta che sei in attesa di dare un esame all'università, analizza il linguaggio del corpo dei tuoi "colleghi di studio". *Potrai facilmente confermare la mia tesi!*

#5 – Il bugiardo si gratta l'orecchio. Sulla falsariga di quanto detto a proposito del gesto #3 (stropicciare l'occhio), il segnale #5 affonda la sua carica semantica nelle abitudini della nostra infanzia. L'adulto che sfrega l'orecchio durante una conversazione sta inconsciamente comunicando la sua intenzione di «non sentire». Ho assistito di recente a una scena di questo tipo. Dopo aver accompagnato mio fratello dal dentista, ho avuto modo di analizzare da vicino la sua comunicazione non verbale. Quando l'assistente gli ha comunicato il preventivo a quattro cifre, lui si è grattato l'orecchio per una frazione di secondo, ha distolto lo sguardo e ha detto: «ottimo, per me va bene!». Un secondo dopo aver messo piede fuori dallo studio, è sbottato in un «incredibile! Questi dentisti hanno dei prezzi stratosferici. Più di mille euro per un dente!». E da quel momento in poi, si è lamentato a briglia sciolta per tutto il viaggio di ritorno. Questa semplice esperienza di vita mette in luce due fattori: A) grattare l'orecchio è il modo più semplice per *negare qualcosa.* Insomma, chi non sente... non sa! Inoltre, B) indica che la persona ha ascoltato abbastanza e vuole esprimere la sua opinione. Mio fratello avrebbe voluto verbalizzare il suo scetticismo - «mi sta dicendo che un solo dente costa così tanto?» - ma ha preferito smorzare la sua opinione personale. Ecco l'esempio lampante di una bugia bianca, cioè di una menzogna pronunciata in difesa delle relazioni sociali (rispetto, fiducia, cortesia e stima reciproca).

Mio caro lettore, tutto chiaro?

Hai superato con successo il tuo primo *ostacolo non verbale* e hai cominciato a familiarizzare con le dinamiche del linguaggio del corpo. Inutile dire che esistono decine e decine di gesti utilizzati dagli esseri umani per mascherare una verità scomoda. Sul piano della comunicazione orale, per esempio, il bugiardo professionista esagera con la narrazione dei dettagli, diventa spesso ripetitivo e ha la tendenza a colpevolizzare gli altri. In aggiunta, sul versante paraverbale[3] è solito parlare con voce più acuta e stridula del solito – conseguenza diretta di una respirazione più affannosa – e si lascia andare a lunghi momenti di esitazione, intervallati da balbettii. Se conosci un individuo che si «mangia le parole», prova ad analizzare il suo

---

[3] La comunicazione paraverbale si riferisce all'insieme di informazioni relative al *come* si comunica. Tra i tanti fattori da tenere a mente: il tono della voce, la cadenza, il ritmo, il timbro e il volume.

comportamento non verbale. *Hai materiale a sufficienza per comporre il tuo primo cluster somatico!*

Consiglio bonus – Conosci l'opera teatrale *Otello* di Shakespeare? Quest'ultima ha ispirato – tra i tanti artisti, registi e scrittori – anche Paul Ekman. Lo psicologo statunitense ha raggiunto l'apice della popolarità in virtù delle sue ricerche sulle microesressioni facciali. Secondo Ekman, gli studenti di comunicazione non verbale rischiano d'incappare in un errore molto comune. Nel suo libro *I volti della menzogna*, egli lo chiama per la prima volta **«l'errore di Otello»**. *Mio caro lettore*, mi perdonerai se non sintetizzerò la trama della tragedia britannica – puoi facilmente reperirla sul web. Al momento, ti sarà sufficiente sapere che il protagonista (Otello) interpreta le reazioni *non verbali* della moglie attraverso il <u>filtro</u> della sua gelosia e, colto dall'ira e dalla frustrazione per il presunto tradimento di lei, la uccide soffocandola con un cuscino. In realtà, lo spettatore sa che Desdemona è innocente e che la sua agitazione non rappresenta un segnale di colpevolezza coniugale, ma una normalissima reazione di paura e tensione. Quando Otello scoprirà la verità, sarà ormai troppo tardi: egli avrà ucciso con le sue stesse mani l'unica donna che amava. Ora, secondo Paul Ekman tutti noi siamo dei potenziali Otello – *tralasciando la reazione violenta, ovviamente!* In altre parole, anche noi cadiamo nella stessa **trappola emozionale** quando proviamo una forte sensazione negativa o positiva. Filtriamo la *comunicazione non verbale* dei nostri interlocutori facendoci guidare dalle emozioni che ci dominano. E questo, amico mio, è alla base di un *misunderstanding*, di un'incomprensione.

Ti sembra impossibile?

L'errore di Otello è stato ampiamento studiato in seguito all'attentato delle Torri Gemelle del World Trade Center dell'11 settembre 2001. In un clima di tensione crescente, tantissimi ufficiali dei corpi speciali e delle forze dell'ordine statunitensi puntarono il dito contro presunti individui «sospetti» senza alcuna prova certa. In altre parole, lo stato di allerta aveva generato una sorta di trappola emozionale; i professionisti della sicurezza filtravano ogni singolo segnale di pericolo – *anche se di pericolo non si trattava* – come un possibile indizio terroristico. La regola da seguire? Quando sei preda di forti emozioni, fa un respiro profondo e attendi. *Rischieresti di fare qualcosa di cui pentirti!*

Capitolo 3 – Il linguaggio del corpo ti rende la migliore versione di te stesso... *anche in ufficio*

Se c'è una parola che viene usata e (ab)usata nella società a noi contemporanea, quella è **autorevolezza**. In ogni istante della giornata, desideriamo trasmettere un'immagine di noi stessi che sia credibile e degna di rispetto. Esiste una pressione invisibile – che molto spesso causa stress e frustrazione, soprattutto in ambito lavorativo – che impone di dare il meglio di noi stessi. E guarda caso, quando siamo troppo concentrati sul *come* appariamo, ci ritroviamo a *dare il peggio.* Il livello delle nostre performance professionali scende in caduta libera e il primo pensiero che ci attraversa la mente è «che cosa ho fatto di male? Cosa ho sbagliato?».

Riflettici un solo istante: la stragrande maggioranza dei colloqui di lavoro ha esito negativo perché non si crea feeling tra l'intervistatore e il candidato. Come se non bastasse, il contenuto del CV – *quando* e *se* viene letto – non ha alcun potere se paragonato alla fantomatica «prima impressione». *Mio caro lettore*, l'elemento che consente di fare breccia nella mente del potenziale datore di lavoro è qualcosa di più sottile e intangibile, irrazionale e spontaneo: il tuo linguaggio del corpo. Allan e Barbara Pease hanno sintetizzato brillantemente questo concetto: «nel mondo del lavoro, la prima impressione equivale al colpo di fulmine».

Studiare la comunicazione non verbale è il primo passo da compiere per massimizzare le tue chance di successo. Vuoi ottenere una promozione? Chiedere un favore? Strappare un agognato «sì, va bene» dal tuo capo? O semplicemente catturare l'attenzione del team con i tuoi modi da vero leader? Qualunque sia l'obiettivo professionale (e non solo) che ti preme raggiungere in questo momento della tua vita, sappi che non esiste corso di formazione universitaria che possa colmare le eventuali lacune della tua comunicazione non verbale.

Se ti presenterai sul posto di lavoro con le spalle basse, microespressioni nervose e un forte atteggiamento di chiusura, nessuno ti vedrà come leader.

«Okay, ma come posso fare per migliorare il mio linguaggio del corpo? Esiste qualche tecnica e/o gesto che devono conoscere?» - mi chiederai.

In realtà, se vuoi far emergere il leader carismatico che c'è in te devi innanzitutto sviluppare una competenza – esatto, come prendere la patente, usare il pacchetto Office o parlare fluentemente una lingua straniera. Mi riferisco a quella che Amy Cuddy chiama «la presenza». Quest'ultima è una condizione *non verbale* in cui il tuo <u>comportamento somatico</u> e la tua <u>predisposizione mentale</u> sono sintonizzati al secondo. Entrambi comunicheranno affidabilità, sicurezza in te stesso e fermezza.

Ancora una volta, il tuo compito consiste nell'azzerare la discordanza tra ciò che pensi e ciò che fai, tra ciò che esprimi a parole e ciò che trasmetti con i gesti.

Quando mente e corpo collaboreranno, riuscirai finalmente a padroneggiare alcuni aspetti basici della comunicazione non verbale. *Ti spiego come riuscirci nel prossimo paragrafo.*

Amy Cuddy, *la presenza* e la centralità dell'autostima

«La presenza è un misto di determinazione e autostima che scaturisce dal credere in sé stessi, dal nutrire fiducia nelle proprie sensazioni, nei propri valori, nelle proprie capacità»

- *Amy Cuddy*

Nel suo libro *Il potere emotivo dei gesti,* la ricercatrice di concentra sull'impiego del linguaggio del corpo nella vita quotidiana. È davvero possibile trasformare la comunicazione non verbale nell'asso della manica di cui tutti noi abbiamo bisogno per vincere le sfide più difficili? La risposta è affermativa. Qui di seguito, ti suggerisco 5 consigli pratici da applicare fin da subito.

#1 – Presta attenzione al ritmo della camminata. Il temutissimo capo del tuo team, il «signor Rompiballe» ti chiede di presentarti nel suo ufficio alle ore 10:30 in punto. Quando la sua segretaria, la «signorina Pettegola» ti invita a entrare, tu resti sulla soglia d'ingresso per una manciata di secondi con lo testa bassa e gli stessi occhioni dolci che rivolgevi a tua madre da ragazzino, quando sentivi *puzza di predica.* Non c'è niente di più sbagliato! Varca la soglia di qualsiasi luogo "di potere" con la stessa falcata di sempre. Mantieni lo stesso passo. Le persone insicure e passive cambiano infatti l'andatura e procedono a piccoli passi senza neppure rendersene conto. *Occhio, eh!*

#2 – Il consiglio definitivo per la stretta di mano perfetta. Nel corso del tempo ne ho sentite di tutti i colori. C'è chi suggerisce di stringere il palmo dell'altro a 45°, chi impone di serrare le dita con presa sicura e chi di valutare a seconda del contesto, in stile «o la va, o la spacca». Ma siccome non sei un bambino spaventato e vuoi assolutamente fare una buona prima impressione – ne va della tua carriera e del tuo futuro professionale – non puoi permetterti di incepparti con questi trucchetti. Insomma, non puoi mica cacciare dalla tasca un goniometro! Hai bisogno di semplicità e scioltezza. Avvicinati all'interlocutore, tieni il palmo dritto e stringi la mano con la stessa forza usata dalla controparte. Né più, né meno! Se poi vuoi dare un *boost* al tuo colloquio/incontro lavorativo segui questo semplice trucchetto *bonus*: ripeti per <u>due volte</u> il nome dell'interlocutore – e cerca dunque di ascoltare con attenzione ciò che ti viene detto in fase di presentazione – entro i primi <u>venti/trenta secondi</u> di conversazione. Per una persona, non c'è niente di più piacevole e soave del... *sentire il proprio nome!*

#3 – Occhio alla postura! *Mio caro lettore*, hai già posto le basi di una solida prima impressione. Voglio ora svelarti un'accortezza che reputo potentissima: se sei costretto a prendere posto di fronte al tuo interlocutore, che sia il capo o l'addetto alle risorse umane non fa alcuna differenza, evita di assumere la posizione dell'alunno che deve sorbirsi la ramanzina del preside o del professore. Non metterti esattamente davanti alla controparte ma (se possibile) sposta leggermente la sedia a 45 gradi. Il motivo? L'inconscio dell'interlocutore non ti reputerà più un "sottoposto" che sta dall'altro lato della scrivania, ma un *braccio destro* che siede metaforicamente al suo fianco. Non c'è niente di peggio che attuare atteggiamenti passivi in fase di colloquio. Qualora fosse impossibile spostare la sedia per mancanza di spazio, ruota il busto appoggiandoti sul bracciolo. *Il gioco è fatto!*

#4 – Dove sederti? No, non ha nulla a che vedere con il «gioco delle sedie» tanto amato dai bambini. La comunicazione non verbale viene ampiamente influenzata dalla posizione assunta nel momento in cui ti viene detto «prego, si accomodi». Nel corso degli anni ho raccolto informazioni davvero interessanti. Le ho sintetizzate di seguito:

- Evita di sprofondare nei divanetti e/o nelle poltrone di un ufficio. Non c'è niente di peggio che «venire inghiottiti» dai sofà molto bassi, quelli che lasciano visibili soltanto le gambe e la testa. Ricorda di padroneggiare il tuo linguaggio del corpo in ogni istante della conversazione, senza sentirti *imbozzolato* come una mummia! Se proprio non hai scelta, siediti sul bordo e mantieni la schiena dritta.

- Se devi strappare l'agognato «sì» al collega del turno pomeridiano oppure vuoi giocarti il tutto per tutto e chiedere una promozione, ti suggerisco di seguire questo semplice accorgimento. Avvicinati al destinatario della richiesta quando <u>non</u> si trova dietro la sua scrivania – la pausa pranzo sarà il momento ideale. Le persone tendono ad assumere comportamenti dispotici e autoritari quando c'è un tavolo che li separa dagli interlocutori.

- Se ti capita spesso di sentirti goffo e impaciato, non dimenticare di assumere una posizione delle gambe coerente al messaggio che desideri trasmettere. Le <u>gambe accavallate</u> sono un segnale di chiusura e di difesa – sebbene la posizione in questione sia spesso considerata tra le più comode. Attenzione a non cadere nell'errore opposto: sederti con <u>le gambe divaricate</u> è un chiaro gesto di predominio sull'interlocutore. Non tutti potrebbero apprezzare la tua eccessiva sicurezza, soprattutto nel corso di un primo colloquio conoscitivo. Io ti suggerisco di sedere con <u>le gambe perpendicolari al pavimento</u> (ma senza incrociare le caviglie). In alternativa, potresti "ricalcare" la posizione assunta dalla controparte!

#5 – L'importanza della gestualità. I gesti sono alla base di un linguaggio del corpo chiaro, coerente e non fraintendibile. Se vuoi entrare nelle grazie del tuo interlocutore, facendo sfoggio delle tue abilità di leader carismatico, ti suggerisco di adottare movimenti calmi e composti, nonché espressioni impassibili. Ci hai mai pensato? Nell'immaginario collettivo re, dittatori, sovrani e personaggi (politici e non) di status sociale elevato gesticolano *meno* delle persone appartenenti alle classi più umili. Chi detiene il potere è fermo e imperturbabile. Di conseguenza, ti suggerisco di rapportarti alla controparte con modi pacati e mai frenetici. Dopo aver terminato il colloquio o la trattativa, di qualsiasi tipologia essa sia, non dimenticare di recuperare i tuoi oggetti personali con gesti calmi e sempre ponderati. *Non aver fretta di levare le tende.* Non c'è niente di peggio che rovesciare un bicchiere, far cadere la penna, provocare rumori fastidiosi con la sedia e così via. Continua a osservare l'interlocutore negli occhi e, quando sei pronto, dagli le spalle. Prima di aprire la porta e sparire dalla sua vista, ricorda di voltarti un'ultima volta per salutarlo con un sorriso: *sarà questa l'ultima immagine che avrà di te.* Non vorrai che l'altro ti ricordi per la tua calvizie incipiente!

Esercizi, consigli e tecniche per migliorare le tue performance lavorative

Mio caro lettore, spero di aver chiarito in poche pagine quanto il concetto di «presenza» sia alla base del tuo successo professionale. Troppo spesso crediamo sia sufficiente trasmettere professionalità e autorevolezza soltanto sul piano verbale, dando spessore al contenuto dei nostri discorsi. Eppure, i giochi di potere che avvengono nelle quattro mura dell'ufficio e del tuo luogo di lavoro sono... *impermeabili alla logica.* Prima di lasciarti alla lettura del prossimo capitolo, voglio fornirti qualche spunto di riflessione da applicare fin da subito alla tua *sopravvivenza lavorativa!* Ho preferito seguire un ordine spontaneo e facilmente consultabile, piuttosto che dilungarmi in studi scientifici di difficile lettura – la maggior parte delle ricerche è infatti condotta e pubblicata in lingua inglese. Qui di seguito, ho selezionato le tre migliori tecniche/posizioni del linguaggio del corpo da usare nella vita quotidiana per dare un boost alla tua carriera!

Tieni le dita unite e i gomiti larghi

Quando ti siedi nel corso di una riunione o di un colloquio conoscitivo, tieni i gomiti appoggiati sugli eventuali braccioli della seduta. Il motivo? Immagina il tuo spazio personale come il palcoscenico di un teatro. L'attore protagonista occupa gran parte della scena nel corso della rappresentazione e, anche quando non interviene in prima persona con le sue battute, cattura l'attenzione degli spettatori con atteggiamenti ampi e prioritari – ben diversi da quelli un po' timorosi delle comparse. Allo stesso modo, occupare tutto lo spazio di cui disponi non farà altro che risvegliare la curiosità dei presenti, veicolando carisma e innate abilità di leadership. Chi tiene i gomiti accanto al corpo è invece timoroso e insicuro. Se poi «non sai che fartene» delle mani, ti suggerisco di incrociarle <u>sotto il livello del mento</u>. Non soltanto assumerai un posizione tipica delle persone anziane/sagge, ma eviterai di coprire le labbra mentre ascolti e parli.

Se sei libero di scegliere, resta in piedi

«Non rischio di sembrare impaciato e fuori luogo?» - mi chiederai. Niente di tutto questo! Se devi intervenire in una conversazione/riunione di lavoro in cui prendere decisioni importanti, ti suggerisco di restare in piedi. Non soltanto darai inevitabilmente nell'occhio rispetto agli altri colleghi seduti, ma farai in modo che i presenti ti attribuiscano inconsciamente uno status più elevato. Ovviamente, ti consiglio di usare la tecnica in questione se sei libero di organizzare il meeting. In caso contrario, vada per la prossima volta: ti ho già suggerito come brillare di leadership e carisma (anche) stando seduto!

Impara a usare parole che *vendono*

Lo so, non è un consiglio inerente alla comunicazione non verbale. Eppure, esistono delle espressioni che tutti gli aspiranti leader devono conoscere e usare nel corso delle trattative. Tra le mie preferite: *facile, sicuro, denaro, offrire, innovativo, risultati, obiettivi, dimostrato, intuitivo, efficace e nuovo.* Tutti aggettivi che puoi integrare al tuo vocabolario personale per vendere le tue idee con il giusto sprint. La combo di linguaggio non verbale e verbale farà di te il professionista più temuto dai colleghi competitivi. *Te lo assicuro!*

Capitolo 4 – La comunicazione non verbale degli occhi: cos'è e perché è importante

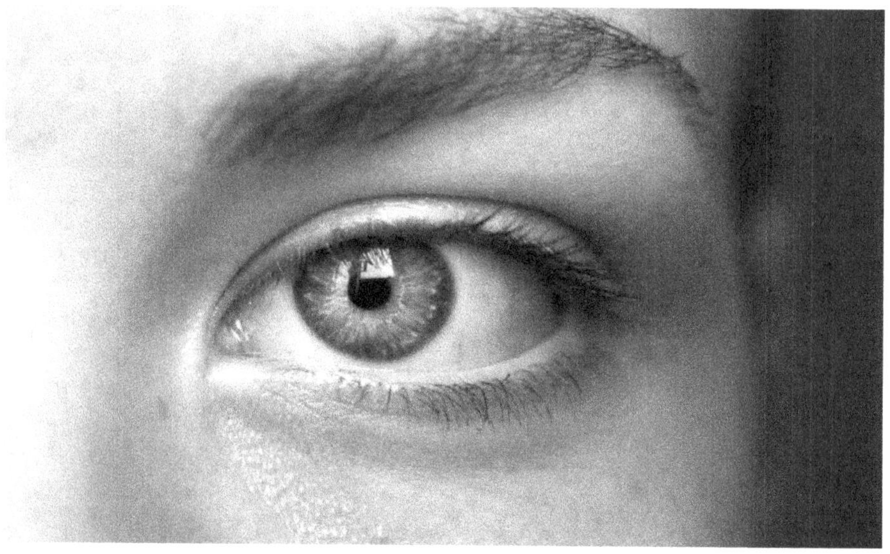

Mio caro lettore, adesso che ha finalmente familiarizzato con i segnali del corpo che veicolano carisma e autorevolezza, è tempo di virare sul lato… romantico della comunicazione non verbale tra due parlanti. Non so se capita anche a te, ma io ho trascorso un periodo della mia giovinezza – quando era alla disperatissima ricerca di un primo impiego e di una ragazza da conquistare – in cui ero terrorizzato dal **contatto visivo**. Quest'ultimo è un fattore altamente efficace nella relazione tra due o più persone:

lo sguardo diretto è infatti il modo migliore per tenere incollato l'ascoltatore a ciò che abbiamo da dire, esercitando un controllo indiretto sul suo livello di attenzione. Beh, detta così non c'è motivo di cui preoccuparsi, giusto? Eppure, è sufficiente sfogliare un qualsiasi manuale di comunicazione non verbale per scoprire che gli occhi sono davvero «lo specchio dell'anima», come si dice tra letterati e intellettuali.

Prima di partire in quarta con tecniche e schemi, voglio però raccontarti una storia che ho sempre trovato affascinante.

Devi sapere che sono un lettore appassionato del New York Times. Anni fa, mi capitò tra le mani un articolo iper-condiviso sui social network e decisi di dargli una letta. Si raccontava al suo interno di un cosiddetto miracoloso «metodo Aron» che avrebbe permesso di trovare l'anima gemella in appena… *quattro minuti!* Incredibile, no? In un primo momento non gli diedi molto credito, pensando si trattasse di una trovata pubblicitaria per sponsorizzare qualche nuova app d'incontri, ma col passare dei minuti mi trovai di fronte a una realtà davvero scioccante. Questo fantomatico test d'innamoramento è ispirato alle ricerche dello psicologo Arthur Aron che – dopo aver stilano un test di venti domande da fare a due sconosciuti – li fece convogliare a nozze lasciandoli da soli in una stanza, <u>a guardarsi negli occhi</u>, per una manciata di minuti. A distanza di anni, Mandy Len Catron scrittrice canadese pluri-acclamata dalla critica per il suo best-seller *How to fall in love with anyone* – letteralmente Come innamorarsi di chiunque – dimostrò che l'amore non è un atto casuale. È in realtà un'esperienza dettata dalla volontà di aprirci agli altri.

Al giorno d'oggi, il «metodo Aron» viene proposto, in stadi diversi delle relazioni a sconosciuti, amanti, mogli e mariti. Il risultato è strabiliante: il potere di uno sguardo ricambiato consente di proiettare l'interlocutore nel *nostro mondo*, aprendogli un varco che conduce direttamente alla nostra interiorità. Non so se sei un romanticone – *dai, sotto sotto lo siamo un po' tutti* – ma devo dire che la lettura dell'articolo pubblicato sul New York Times è stata illuminante. Mi ha fornito una spiegazione razionale al fatto che sì, il contatto visivo, per molte persone, è difficile da sostenere.

> **Esercizio bonus** – *Amico mio*, prima di proseguire ti suggerisco di guardare il video realizzato dopo il post virale del New York Times. È sottotitolato in italiano ed è disponibile gratuitamente su YouTube[4]. Ti consiglio di visualizzarlo con attenzione per due motivi: A) approfondire il «metodo Aron» e l'importanza del contatto visivo nella seduzione o nell'innamoramento, e B) interpretare con occhio da autentico Sherlock Holmes il linguaggio del corpo dei protagonisti dell'esperimento. Quali sono i segnali d'imbarazzo? E quali le posizioni assunte dalle gambe nel corso della conversazione? Noti dei segnali facciali comuni? Come varia il tono della voce? Allenare la vista è il modo migliore per potenziare le tue abilità d'analisi!

D'altro canto, moltissimi soggetti socialmente ansiosi e insicuri fanno fatica a sostenere lo sguardo di uno sconosciuto. Il risultato? Colui che viene "evitato" dall'introverso di turno riceve l'impressione di non essere

---

[4] Link per la versione e-book: http://bit.ly/metodoAron

ascoltato e, nella stragrande maggioranza dei casi, sviluppa un'avversione inconscia per l'ascoltatore.

Inutile dire che (quasi) tutti i miei tentativi di seduzione giovanili erano un buco nell'acqua... non riuscivo a sostenere lo sguardo di una ragazza per più di venti secondi. Un vero disastro! In ogni caso, in questo capitolo non voglio trasformarmi nel tuo coach sentimentale, bensì spiegarti nel dettaglio *cosa e come* comunicano gli occhi. Esistono dei **Visual Accessing Cues** – letteralmente – le indicazioni oculari di accesso – ampiamente studiati nelle ricerche di sociologia e linguaggio del corpo, sebbene alcuni interessanti contributi provengano anche dalla PNL. *Curioso di saperne di più?*

Tutto ciò che devi sapere sul LEM (Lateral Eye Movement)

Sono in pochi a conoscere l'esistenza delle cosiddette *indicazioni oculari d'accesso (Visual Accessing Cues)*, descritte per la prima volta nel libro *La metamorfosi terapeutica* di John Grinder e Richard Blander. Alle fine degli anni Settanta del secolo scorso, i due ricercatori intuirono la correlazione tra movimenti degli occhi e manifestazioni dei processi mentali. In altre parole, i due studiosi di PNL tentarono di dimostrare la teoria secondo cui, analizzando le oscillazioni oculari di una persona, fosse possibile dedurre info utili sulle percezioni/intuizioni altrui. Nello stesso periodo, la neurologia ha fornito le basi scientifiche delle teorie di Grinder e Blander. Quando siamo immersi in una data attività di pensiero, tutti noi coinvolgiamo differenti aree cerebrali. Ciascuna di esse è correlata a un movimento degli occhi differente e viene chiamata LEM, *Lateral Eye Movement* – letteralmente, *Movimento Oculare Laterale.*

Se ti stai chiedendo come sfruttare queste informazioni nella vita di tutti i giorni, ti basti sapere che, con la dovuta preparazione, sarai in grado di gettare luce sui processi di pensiero altrui analizzando la sola direzione degli occhi. Curioso di saperne di più? Ti suggerisco di prestare molta attenzione alle informazioni che sto per condividere con

te: saranno la base da cui affinare le tue abilità di...
mentalista[5]!

Immagina di porre una domanda a un interlocutore immaginario; 6 sono i possibili movimento oculari studiati dalla PNL e dalla neurologia: in alto a sinistra, in alto a destra, a sinistra, a destra, in basso a sinistra e in basso a destra.

Sguardo in alto a sinistra

Se l'interlocutore solleva lo sguardo e lo punta verso sinistra, significa che sta costruendo **un'immagine visiva** (VC, *Visually Constructed Image*). In altre parole, la tua domanda ha ingenerato il bisogno di fantasticare su qualcosa. Un esempio? Prova a chiedere a un amico o a un tuo collega di lavoro: «immagina se il nostro ufficio fosse alla Hawaii!». Gli occhi della controparte si sposteranno, con ogni probabilità, in alto a sinistra.

---

[5] Tra i mentalisti che hanno trasformato i Visual Accessing Cues nel loro marchio di fabbrica, ricordo Lior Suchard. L'artista ha sviluppato un incredibile talento nella lettura delle percezioni altrui e ha raccolto le sue confessioni nel libro *Mind Reader – Impara a leggere la mente*.

Sguardo in alto a destra

Se l'interlocutore solleva lo sguardo in alto a destra, significa che sta richiamando alla memoria **un'immagine ricordata visivamente** (VR, *Visually Remembered Image*). Per verificare tu stesso la fondatezza di questa tesi, prova a chiedere a qualcuno di tua conoscenza cos'ha mangiato la sera prima. Prima di risponderti, è molto probabile che lui/lei solleverà gli occhi verso destra per fare «mente locale»!

Sguardo a sinistra

La direzione dello sguardo in questione indica una **costruzione acustica** (AC, *Auditory Constructed*). Cosa significa? In breve, l'interlocutore è immerso nell'atto immaginativo che coinvolge una canzone, una melodia o qualsiasi altro materiale sonoro. Se dovessi chiedere al tuo compagno di studi d'inventare una canzoncina partendo da zero, è molto probabile che fisserà lo sguardo alla sua sinistra. In ogni caso, presta molta attenzione al cluster somatico della controparte: se noti alcuni segnali di menzogna e il tuo interlocutore si ostina a parlare con lo sguardo rivolto verso sx... *qui gatta ci cova!*

Sguardo a destra

La quarta direzione visiva fa riferimento a un **ricordo acustico** (AR, *Auditory Remembered*). In questo caso, la controparte tenta di richiamare alla memoria una canzone o qualsiasi comunicazione sonora di cui egli è già a conoscenza. Se chiedessi a tuo padre di canticchiare un brano dei Depeche Mode o degli AC/DC, i suoi occhi scatterebbero immediatamente verso dx. *Provare per credere!*

Sguardo in basso a sinistra

Lo sguardo basso fa riferimento a una **sensazione** (F, *Feeling*) e s'innesca ogni qual volta cerchiamo di ricordare un odore, un profumo o un gusto particolare – magari legato al periodo della nostra infanzia. Tornando all'esempio precedente, l'interlocutore a cui viene chiesto di richiamare alla mente cos'ha mangiato a cena potrebbe successivamente puntare gli occhi in basso a sx per focalizzarsi sul sapore inebriante del sushi, della fiorentina o della pizza ai quattro formaggi!

Sguardo in basso a destra

L'ultimo segnale oculare indica un profondo **dialogo interiore** (AI, *Auditory Internal*). La persona che sta riflettendo tra sé e sé abbasserà lo sguardo e lo punterà alla sua dx.

Mio caro lettore, prima che tu possa ribattere «queste informazioni sono molto interessanti, ma credo di non poterle applicare quando mi relaziono ad altre persone. Non sono un po' troppo macchinose? Non lavoro mica come agente dell'FBI in incognito!» ho preparato un breve riassuntino per te. Ricorda soltanto quanto segue: **A**) se l'interlocutore ti sta dicendo la verità, il suo sguardo dovrebbe sollevarsi in alto a sinistra (la tua destra, considerando che osserverai il suo viso frontalmente), mentre **B**) se la controparte ha intenzione di nasconderti qualcosa, volgerà gli occhi in alto destra (la tua sinistra).

In ogni caso, ti suggerisco di trattare queste informazioni come semplice approfondimento del tuo lungo percorso di studio. Sebbene lo studio del LEM sia stato ampiamente discusso e confermato da ricerche condotte negli ultimi decenni del Novecento, esso non ha validità matematica.

Insomma, non prendertela a male se alla domanda *«hai presente il nostro primo anniversario?»* il/la tua partner solleva gli occhi verso destra, fantasticando cenette romantiche di cui non riesce a ricordare l'esistenza! Il linguaggio del corpo e le sue manifestazioni – *come ti ho già detto* – non sono materie di studio paragonabili alla fisica, alla matematica e alla biologia. Senza cluster somatico (e spesso anche in presenza di segnali coerenti tra loro), è doveroso *procedere con cautela!* Se poi senti il bisogno di approfondire le basi del mentalismo attraverso le posizioni oculari, ti suggerisco di leggere la versione completa de *La metamorfosi terapeutica* di Brandler e Grinder.

Suggerimenti pratici per stabilire un contatto visivo efficace

Mio caro lettore, spero che tu abbia trovato interessante la breve parentesi di PNL contenuta nel paragrafo precedente. D'altro canto, ho iniziato questo capitolo con una promessa: fornirti alcune soluzioni concrete per superare il timore del contatto visivo, così da migliorare il tuo magnetismo personale. Ti ricordo che l'*eye contact* è uno strumento di primaria importanza e che la sua assenza rischia di ostacolare la comunicazione, gettando due o più parlanti in quel «limbo dantesco» che prende il nome di *misunderstanding*, cioè di incomprensione. A tal proposito, due sono le tecniche che vale la pena di conoscere e applicare.

#1 – La direzione dello sguardo a seconda del grado di complicità con l'interlocutore

Alcuni interessanti esperimenti condotti sul linguaggio del corpo hanno provato l'esistenza di 3 tipologie di "sguardo" connesse ad altrettante sezioni immaginarie del nostro viso.

- In presenza di sconosciuti, il contatto visivo ideale è quello inscrivibile in un triangolo il cui vertice corrisponde alla sommità della fronte e i cui angoli di base combaciano con gli occhi.

- Nel caso in cui dovessi relazionarti con un collega di lavoro o un amico, ti suggerisco di mantenere l'eye contact col cosiddetto «sguardo sociale». Quest'ultimo si dirige sempre all'interno di un triangolo immaginario, questa volta compreso tra i due occhi e la bocca.

- Qualora l'interlocutore fosse una persona a te intima, puoi invece far scendere lo sguardo dagli occhi fin sotto al mento. Il gesto è un potente segnale di seduzione e interesse sessuale. Dopo aver compiuto la tua rapida «scansione», solleva nuovamente lo sguardo e mantieni il contatto visivo con la controparte. *Se lui/lei ricambia, hai ottime chance di successo!*

#2 – La regola del 50/70 per stabilire il contatto visivo

Mio caro lettore, non è necessario essere ferrato in matematica per integrare questo semplice esercizio alla tua lista di skills interpersonali. Mantieni l'eye contact in proporzione 50/70, cioè il 50% delle volte quando sei tu il *parlante* e il 70% del tempo quando sei invece *l'ascoltatore*. In aggiunta, ti suggerisco di distogliere lo sguardo in modo graduale: un guizzo degli occhi potrebbe indurre la controparte a pensare che tu sia nervoso e insicuro, compromettendo un'eventuale prima impressione. Per evitare questo spiacevole inconveniente, puoi servirti di 2 escamotage: **A**) osserva un punto alla tua destra/sinistra prima di sostenere nuovamente il contatto visivo con l'interlocutore e **B**) rompi la connessione che si è instaurata tra di voi facendo un gesto o annuendo. In quest'ultimo caso, riuscirai a cavarti d'impiccio in modo naturale, senza comunicare *non verbalmente* che «mi sento troppo a disagio se continuo a guardarti negli occhi. *Pardon!*». *Provaci e fammi sapere!*

Capitolo 5 – L'importanza dello spazio personale e l'influenza delle diversità culturali

Il termine «territorio» è comunemente associato al mondo animale. Predatori, pesci, insetti, uccelli e mammiferi si muovono infatti all'interno di un habitat naturale molto specifico e difficilmente sostituibile – *nessun pinguino ha mai attraversato a piedi le dune del Sahara!* D'altro canto, gli esseri umani si sono distinti per la loro versatilità: sebbene alcune zone siano pressoché inabitate, la specie a cui apparteniamo è stata fin da subito un'inarrestabile colonizzatrice tanto da colmare le mancanze che la natura, in modo inequivocabile, le ha imposto. Non abbiamo le ali ma attraversiamo il mondo a bordo di marchingegni volanti. Non siamo provvisti di branchie, ma ciò non ci impedisce di fare snorkeling alle Maldive – o meglio, a impedircelo è semmai il conto in banca! Non siamo grandi arrampicatori, ma ci siamo attrezzati con corde e moschettoni per scalare l'Everest e il K2. Insomma, se lo si analizza superficialmente, lo spazio riservato all'essere umano sembra essere ampio e più esteso di quello animale.

La domanda sorge spontanea: cosa accede quando due persone «lottano» - metaforicamente parlando – per la condivisione di un territorio? In altre parole, come viene gestito il predominio spaziale che l'uomo ha in strada, al supermercato, sui mezzi pubblici o in fila a un concerto? È davvero possibile stabilire micro-territori per ogni individuo?

Per rispondere a queste e altre domande, ho scelto di approfondire una branca di studi troppo spesso sottovalutata: *la prossemica*.

Prima che tu mi chieda «*la prosse...che? Mai sentita!*» ci tengo a precisare che le informazioni contenute in questo capitolo non intendono esaurire la complessità e la ricchezza del materiale di ricerca in nostro possesso. Sociologi e team di studiosi delle migliori università sono impegnati in uno studio rigoroso delle dinamiche *non verbali* dell'essere umano. L'argomento è tanto complesso quanto interessante. Farò del mio meglio per fornirti approfondimenti e consigli di lettura da cui continuare a studiare in autonomia.

Tornando a noi: cos'è la prossemica? In che modo può incidere positivamente o negativamente sulla gestione del nostro linguaggio somatico? Per scoprirlo, facciamo un passo indietro. Ti ho già detto che la stragrande maggioranza degli animali è dotata di uno spazio che viene considerato personale, ovverosia privato. Quest'ultimo varia enormemente a seconda dei fattori esterni/locali in cui l'esemplare è nato e cresciuto. Un leone libero di scorrazzare nella sua savana avrà a disposizione un territorio di svariati chilometri. Lo stesso leone, cresciuto in cattività a contatto con altri suoi simili, potrà contare su un territorio di pochi metri a causa delle condizioni di affollamento.

E l'uomo? Anche l'uomo, in modo non dissimile dai suoi antenati, gode di una sorta di «bolla d'aria» invisibile che dipende enormemente dalle situazioni in cui si trova ad agire. Qualche esempio? Il binario della metropolitana alle 6:00 del mattino garantisce un territorio personale di gran lunga più esteso rispetto a quello disponibile tra le vie dello shopping, prese d'assalto il sabato pomeriggio. In presenza di sovraffollamento, lo spazio prossemico si riduce drasticamente, salvo poi ristabilirsi in ambienti sociali in cui è possibile mantenere le giuste distanze col prossimo.

La «bolla d'aria» di ogni individuo varia, inoltre, a seconda del grado di confidenza che si intrattiene con l'interlocutore. Così come lo sguardo può essere «sociale» o «intimo», anche lo spazio personale consente di stabilire una specie di gerarchia affettiva: sconosciuti, amici, familiari e partner godono di sfere prossemiche differenti. E ti dirò: queste abilità comportamentali sono del tutto automatiche e vengono sviluppate dal bambino intorno ai

12 anni di vita (quando l'educazione genitoriale è stata ormai impartita e interiorizzata).

Di seguito, voglio passare in rassegna le principali zone spaziali. Mi sono concentrato sulle ricerche che ne hanno comprovato la validità in Paesi occidentalizzati, compreso il Nord America. La stessa suddivisione potrebbe invece variare nel caso in cui si volesse approfondire l'abitudine prossemica di stati orientali e mediorientali.

La zona pubblica impone una distanza superiore ai 360 centimetri. La si adotta in tutte le situazioni interpersonali tra sconosciuti o folti gruppi di persone. È la stessa che si usa inconsciamente quando si entra in contatto con un professore universitario che spiega la sua lezione o con uno speaker che tiene una conferenza di lavoro. Sul piano della comunicazione non verbale, innesca un meccanismo di potere: maestro-allievo, capo-dipendente, coach-discepolo e così via.

La zona sociale s'instaura tutte le volte in cui la distanza con i nostri interlocutori si attesta tra i 122 e i 360 centimetri. Viene preferita quando entriamo in contatto con estranei e professionisti che non conosciamo bene. È la stessa che ti divide dall'idraulico, dal dentista e dal commercialista ai quali ti rivolgi quotidianamente. Allo stesso tempo, la zona sociale rappresenta il compromesso ideale sul posto di lavoro – soprattutto quando si è neoassunti e non si ha dimestichezza con le pratiche d'ufficio.

La zona personale varia tra i 46 e i 122 centimetri. Il suo utilizzo è specifico per tutti gli eventi sociali in cui ci sentiamo a nostro agio: un barbecue tra amici, un aperitivo con i compagni di università oppure una pizzata con i nuovi colleghi. La terza fascia prossemica è la stessa che – in maniera forzata – subentra in un cocktail bar o in qualsiasi altro luogo della movida in cui si è costretti a occupare uno spazio ristretto.

La zona intima coincide con la totale apertura della tua bolla prossemica all'altra persona. Non soltanto è lo spazio personale più importante, ma è anche quello che impone una cieca fiducia nell'altro. Perché se è vero che la prossimità con un estraneo ci espone a un certo rischio, la condivisione della prima fascia territoriale è un chiaro segnale di feeling, familiarità e sicurezza.

Sul versante pratico, tali distanze tendono a ridursi tra due donne e ad aumentare considerevolmente in presenza di due o più uomini. Il motivo? Studi di recente pubblicazione hanno dimostrato quanto il gentil sesso sia più propenso a instaurare una zona prossemica familiare e intima: toccare la spalla di un'amica e cercare il contatto fisico con la conoscente – dalla pacca sulla spalla alla stretta di mano – è abitudine assai frequente. Di contro, è raro osservare uomini che si cingono in un abbraccio o si avvicinano in pubblico – pur essendo amici di lunga data. *Mio caro lettore*, voglio ora portare la tua attenzione su quelle occasioni sociali di sovraffollamento a cui tutti noi siamo abituati. Mi riferisco agli ascensori e ai mezzi pubblici nelle ore di punta, ma anche ai ristoranti e ai negozi presi d'assalto nel weekend. Analizzando il comportamento prossemico adottato come «scudo difensivo» dalla maggior parte degli individui, ci rendiamo conto che l'invasione della zona intima determina un mutamento improvviso nel linguaggio del corpo nostro e altrui.

Immagina di uscire sul pianerottolo, chiamare l'ascensore e sentire il rumore di un chiavistello alle tue spalle. È il vicino di casa. Accogli il tempismo dell'interlocutore con un cenno del capo e lo inviti a scendere con te. Quali sono i fattori non verbali di cui ti servi per difendere la tua zona intima? Tra i tanti, fai fatica a intrattenere una conversazione, ti metti con le spalle al muro (stringendo le braccia al petto o incrociando le caviglie/gambe), mantieni un'espressione impassibile che non lascia trasparire alcuna emozione e continui a fissare il numero dei piani illuminati in rosso dall'indicatore. *Un vero strazio, non è vero?*

Un occhio disattento potrebbe credere che tu sia infastidito, triste o preoccupato per qualcosa che ti frulla in testa, ma lo studente di comunicazione non verbale sa bene quanto l'atteggiamento difensivo abbia un obiettivo più istintuale – oserei dire primordiale: mascherare le tue emozioni per proteggere la zona prossemica. Se allo stato naturale saremmo portati a reagire con aggressività al fine di difendere il nostro territorio – e in quel caso, il nostro corpo si metterebbe in allerta: aumento del battito cardiaco, sangue al cervello, produzione di un quantitativo extra di adrenalina e irrigidimento dei muscoli, per essere pronti a colpire – in società ci limitiamo a mascherare il nostro senso di inadeguatezza. Ecco svelato il motivo per cui pendolari, studenti e qualsiasi individuo costretto a frequentare luoghi chiusi, nonché pieni di sconosciuti, tenda ad assumere quell'espressione un po' preoccupata e afflitta che conosciamo bene. È sufficiente visitare qualsiasi metropoli europea per rendersi conto della fondatezza di questa tesi.

Mio caro lettore, per concludere ti suggerisco di approfondire l'interessantissimo tema della prossemica umana leggendo il libro di Allan Pease e Barbara Pease *Perché mentiamo con gli occhi e ci vergogniamo con i piedi?*

In alternativa, memorizza le informazioni summenzionate e comincia ad analizzare il *comportamento non verbale* delle persone che ti circondano. Non è necessario azzardare congetture degne di un'agente della CIA! Non cadere nell'errore di «sentire puzza di infedeltà coniugale» se due colleghi apparentemente insospettabili si avvicinano in zona intima nel corso della pausa caffè. Cerca piuttosto d'inserire la voce «prossemica» alla lista dei segnali del corpo da tenere in considerazione per costruire i primi cluster somatici. In aggiunta, non dimenticare che la «bolla d'aria» in questione ha un impatto considerevole sull'immagine personale che trasmetti in società. Gli individui «simpaticoni» che si presentano al prossimo con aria sempre giuliva, magari tirando schiaffetti e pacche sulle spalle, sono spesso allontanati con malcelata avversione. Moderare il linguaggio del corpo è dunque l'asso nella manica di chi sa come piacere... *senza dire una parola!*

Capitolo 6 – I 15 segnali somatici (contestualizzati) per interpretare il linguaggio del corpo

Mio caro lettore, il corpo non mente. Perché se è vero che le parole possono essere controllate con estrema facilità - «amore, no che non ti ho dato buca per guardare la finale di Champion in TV! Ma che vai a pensare!» - il corpo tradisce intenzioni e pensieri in modo più o meno consapevole, rendendoci esposti ai giudizi altrui. E ti dirò: ho preferito approcciare gradualmente lo studio della comunicazione non verbale perché credo sia sbagliato elencare decine e decine di segnali somatici senza prima avere una conoscenza chiara del *perché* e del *come* dobbiamo servircene. D'altro canto, hai avuto modo di familiarizzare con le basi della prossemica, delle bugie – *ah, quanti Pinocchio ci sono in circolazione a giorno d'oggi!* – e del ruolo che occhi, posture e tentennamenti rivestono nelle nostre relazioni amorose e professionali. Dopo essere diventato l'anima della festa e il leader dell'ufficio, è forse il caso di completare l'ultimo modulo di questo corso base sul linguaggio del corpo con 15 segnali *must-know*. Questi ultimi ti serviranno per formare i primissimi cluster somatici. Le informazioni riassunte in questo capitolo sono desunte in parte da *Leggere il pensiero non è una magia* di Henrik Fexeus e in parte da ricerche che io stesso ho condotto nel corso della pratica quotidiana.

Ti ricordo ancora una volta che questo manuale non intende annoiarti con complesse note a piè di pagina, riferimenti accademici e prolisse descrizioni di esperimenti scientifici. Tuttavia, se vorrai approfondire lo studio della comunicazione non verbale sul versante teorico, ti suggerisco di partire dalle pubblicazioni dell'unico vero pioniere di quest'affascinante branca sociologica: *Paul Ekman*. In caso contrario, se preferisci andare dritto al sodo, ho preparato qui di seguito un riassunto ben organizzato dei segnali somatici con cui trasformarti in uno Sherlock in erba: *cominciamo subito.*

La funzione delle gambe e dei piedi nel linguaggio del corpo

Stare in piedi in una stanza di sconosciuti potrebbe creare tensione emotiva, desiderio di controllo o urgenza di ritirarsi da una situazione considerata spiacevole. Per scoprire la condizione mentale in cui versa il tuo interlocutore, non devi fare altro che sbirciare la posizione delle sue gambe. In ogni caso, è importante tener conto di qualche accortezza extra per non prendere un abbaglio.

Nel dettaglio:

#1 – L'abitudine a **dondolarsi da una gamba all'altra** veicola irrequietezza e timore. Le cosiddette «ginocchia molli» sono espressione di uno status mentale tipico delle persone indifese ed esposte. Se la controparte è in piedi e non può fare a meno di stare ferma, è molto probabile che sia alla ricerca della prima situazione favorevole per levare le tende!

#2 – Quando **le gambe sono larghe e il bacino spostato leggermente in avanti**, l'interlocutore assume quella che io amo definire la «posa del cowboy». Se poi la controparte infila i pollici nel bordo dei pantaloni, nella tasca dei jeans o in qualsiasi aggancio – come, ad esempio, il passante della cintura o la cintura stessa – è proprio il caso di dire che il tuo interlocutore potrebbe essere scritturato come co-protagonista di un film western! Scherzi a parte, il gesto trasmette un senso di predominio e di virilità, e veicola il bisogno di ribadire chi è il più forte della combriccola. Com'è semplice immaginare, la posizione del cowboy viene assunta prevalentemente da uomini all'apice della carriera professionale e da donne che tendono a comandare a bacchetta con atteggiamenti di potere – un aspetto che, ovviamente, non ha nulla a che vedere con la sessualità degli individui. Il linguaggio del corpo è infatti primitivo e istintuale, e arricchisce la comunicazione orale in modo «neutro». *Mio caro lettore*, se la memoria non m'inganna ricordo ancora che la Preside del mio liceo, anni e anni fa, era solita redarguire i ritardatari cronici mettendosi nella posizione del cowboy. Si piazzava a gambe divaricate sulla porta d'ingresso e guardava in cagnesco qualsiasi ragazzino sudato e trafelato avesse perso il primo autobus della giornata. *Fortuna che io vivevo a un solo isolato di distanza!* Tornando a noi, pensaci per un solo istante: l'uomo che mette le mani in tasca – indicando il suo organo riproduttivo – dilata le pupille e punta il piede in direzione di una donna che ha stuzzicato la sua fantasia, viene facilmente decifrato dall'universo femminile, non trovi anche tu? Quando le gambe si divaricano e la posizione somatica diventa predominante, è il caso di dire che... l'individuo è «*a caccia*».

#3 – **I piedi a terra e le gambe incrociate** sono un gesto tanto comune quanto contraddittorio. Perché se è vero che intrecciare gli arti è segnale di chiusura e di difesa emozionale, la posa in questione è anche piacevole e rilassata. Non è un caso che venga usata dai pagliacci prima di simulare le loro rovinose cadute *on the floor!* Se ci fai caso, la posizione è molto apprezzata dal genere femminile: le modelle, le star e le attrici che sfilano sul red carpet sono solite incrociare le gambe per farsi immortalare dai fotografi. Insomma, cosa stanno cercando di comunicare? Disagio, divertimento o eleganza? Se in fase di corteggiamento il gesto significa che la controparte gradisce le tue attenzioni – *amico mio, puoi fare la tua prossima mossa!* – in tutte le altre situazioni della quotidianità è un segnale di rilassatezza e controllo. Dopotutto, incrociare le gambe in questo modo rende impossibile qualsiasi tentativo di fuga, *non trovi anche tu?* L'interlocutore e/o l'interlocutrice hanno tutto sotto controllo! Occhio quindi a non cadere nell'errore dei neofiti: giungere a conclusioni affrettate non appena la persona con cui stai parlando incrocia le gambe. Non sempre è un segnale negativo… *magari hai appena trovato la tua anima gemella!*

#4 – Passiamo in rassegna il significato delle **punte dei piedi**. Le nostre dita sono una sorta di «bussola dell'attenzione». Quando entrambi i piedi dell'ascoltatore sono paralleli e rivolti verso di te, significa che l'individuo è lieto di «sintonizzarsi» su ciò che gli stai comunicando. Lui/lei non ha intenzione di andarsene ed è felice di trascorrere del tempo in tua compagnia. Nel caso in cui la punta dei piedi fosse rivolta verso l'esterno, è invece opportuno cambiare strategia: la concentrazione del soggetto è flebile. Se poi le punte si dirigono verso la porta di uscita (in un locale, in ufficio o nelle aule universitarie), è tempo di rimandare la conversazione a un momento migliore. L'interlocutore non vede l'ora di ritirarsi dalla chiacchierata per dedicarsi ad altre faccende – magari ha lasciato la macchina in doppia fila e ha altro per la testa! Qualora il primo piede fosse rivolto verso l'interlocutore e il secondo sistemato all'indietro, poggiato a terra in modo perpendicolare, significa invece che la controparte è interessata alla conversazione e non vede l'ora di prendere parola. Insomma, se noti che la persona di fronte a te assume la posizione in oggetto, ti suggerisco di dare un taglio al tuo monologo e tendere l'orecchio all'ascolto. Non è che ti sei dilungato un po' troppo sulle tue prodezze? Infine, colui che continua a dondolare i piedi sia in posizione eretta sia in posizione seduta veicola noia e disinteresse, ma anche il desiderio di levare le tende a tempo di record. Il movimento ondulatorio dei piedi può essere tradotto come l'urgenza impellente di «scaldare i piedi» per fuggire via con la rapidità di un velocista!

Le spalle e la postura

Le spalle e la postura rivestono un ruolo di primaria importanza per due ragioni principali: **A)** consentono di attingere a nuovi segnali somatici da includere nei tuoi cluster e **B**) ti permettono di prestare attenzione a un fattore troppo spesso sottovalutato, *la respirazione.*

#5 – **Le spalle** sono lo specchio somatico della «responsabilità». Conosci la vicenda di Atlante? La divinità ellenica, attorno alla quale si intrecciano moltissime storie, è tutt'oggi ricordata per la celebre condanna divina: sostenere l'intera volta celeste sulle sue spalle per volere di Zeus, irato per via di un tentativo sovversivo conosciuto col nome di *Titanomachia*. In maniera traslata, il linguaggio collettivo ha integrato moltissime espressioni desunte dall'influenza mitologica con l'intento di attestare la correlazione tra questa parte del corpo e gli obblighi a cui siamo sottoposti: *«porto il peso del mondo sulle spalle»* è sicuramente la più conosciuta. Senza dilungarci eccessivamente sulle questioni linguistiche, ti sarà sufficiente sapere quanto segue:

- **Le spalle cadenti** sono un tentativo adottato dal tuo interlocutore per farsi *piccolo piccolo*. Le *bad vibes* della controparte lo rendono stanco, debole, sfinito e scoraggiato. Se vuoi costruire il tuo cluster somatico, analizza la posizione della testa. Se anche quest'ultima asseconda la linea curva delle spalle e del petto, è proprio il caso di dire che la persona di fronte a te ha appena trascorso una giornata da dimenticare!

- **Le spalle sollevate** – con la testa incassata nel mezzo – rappresentano un tentativo di proteggere nuca e collo. A differenza del segnale precedente, trasmettono paura e incertezza.

- **Le spalle dritte e rilassate** testimoniano la sicurezza e il coraggio del tuo interlocutore: lui/lei ha ben chiari gli obiettivi da raggiungere. Non sarà un piccolo contrattempo a distoglierlo dai suoi grandi piani!

#6 – Quando **il busto della persona è coperto da braccia conserte, libri, cappotti, documenti o qualsiasi altro oggetto** si frapponga tra di voi, è forse il caso di cambiare strategia comunicativa. È possibile che la controparte sia incerta, nervosa e preoccupata della vostra vicinanza prossemica. Il gesto trasmette una chiara urgenza di distanza. Non è che ti sei accostato un po' troppo?

#7 – **La respirazione** è il segreto *advanced* di cui si servono i veterani del linguaggio somatico! Nell'eventualità in cui la cassa toracica della controparte dovesse sollevarsi e abbassarsi in modo rapido e freneteco, è molto probabile che l'individuo sia in deficit di ossigeno. Il fenomeno può manifestarsi sia in situazioni di forte stress – un colloquio di lavoro o il momento che precede il primo contatto fisico con il tuo potenziale partner – sia nel caso in cui l'interlocutore sia in allerta, pronto alla fuga o all'attacco. *Mio caro lettore*, ti ho già detto che la comunicazione non verbale dell'essere umano è la diretta espressione della sua componente primitiva e irrazionale, giusto? In tal senso, la respirazione non soltanto è il riflesso dei nostri pensieri e delle nostre emozioni, ma anche lo strumento di cui servirti per manipolare il *tuo* corpo. Quante volte ti sei sentito ripetere di «fare un bel respiro profondo?». Questo gettonatissimo *modo di dire* ha un fondo di verità: quanto respiriamo superficialmente lasciamo che i muscoli si contraggano e che il corpo reagisca in modo imprevedibile alle casualità esterne. Nel momento in cui respiriamo con l'addome, attiviamo invece una forma di controllo sull'ossigeno che ci rende energici e attivi. Prima che tu possa ribattere «beh, ma dubito che qualcuno analizzi la mia respirazione durante un meeting di lavoro» ti consiglio di tenere a mente la regola aurea del bravo studente di comunicazione non verbale: *ogni manifestazione del corpo è strettamente correlata a centinaia di altre modificazioni somatiche.* Controllare il flusso di aria che ci tiene in vita è il modo migliore per rilassare le spalle, rendere flessibili i movimenti delle braccia e della gambe, nonché parlare con voce più forte e bassa. Una respirazione rapida e nervosa trasforma i nostri potenziali ruggiti... *in squittii!*

#8 – **Petto in fuori** e pancia in dentro! Il consiglio evergreen per slanciare la figura e posare davanti alla fotocamera come un modello della Milano Fashion Week ricopre in realtà un ruolo non soltanto estetico, ma anche somatico. Se l'interlocutore con cui parliamo dà enfasi alla posizione del busto – in modo da spingerlo verso di noi – vuole dimostrare la sua superiorità con fare arrogante, ambizioso e impavido. *Il segnale in oggetto è sinonimo di superbia e supponenza.*

#9 – Prima di passare alla prossima categoria, voglio concludere con un consiglio che reputo illuminante. Quando un individuo è scontento di qualcosa oppure si trova in disaccordo con te, tende in generale a prendere fiato e a rilasciarlo lentamente. **L'espirazione lunga** dovrebbe metterti in allarme: se nel corso di una trattativa o di una vendita percepisci che la controparte gonfia le guance e respira in modo lento e profondo, è proprio caso di dire che lui/lei sta per... *caricarti come un toro imbizzarrito!*

La gestualità delle mani e delle dita

Mio caro lettore, gesticolare con le mani attira l'attenzione degli ascoltatori e aumenta sensibilmente l'efficacia dei tuoi messaggi verbali. D'altronde, sono un appassionato viaggiatore e non perdo mai occasione di preparare i bagagli per immergermi in qualche nuova avventura; un po' perché mi affascina il linguaggio del corpo non-occidentale, un po' perché credo che studiare l'essere umano significhi approfondire l'essenza stessa dell'individuo in modi via via diversi. E ti dirò, nel corso delle mie avventure on the road ho incontrato tantissimi sconosciuti – alcuni dei quali diventati i miei *amici di chat*

– che hanno preso bonariamente in giro la mia tendenza a, per dirlo con le loro parole, «shake your hands» - muovere le mani. Noi italiano siamo "famosi" in tutto il mondo per le nostre abilità espressive non verbali, e devo dire che questo pregiudizio mi ha sempre fatto riflettere. È davvero controproducente gesticolare nel corso di una conversazione? Per scoprirlo è necessario compiere una breve digressione in territorio britannico. Siamo all'University of Manchester, in Inghilterra. I due ricercatori Nina McLoughlin e Geoffrey Beattie decidono di condurre uno studio su un gruppo di volontari – diversi per età, sesso ed etnia di appartenenza. L'obiettivo? Comprendere il ruolo che il linguaggio delle mani riveste nel corso di una narrazione. I partecipanti assistono alla lettura di alcune storielle con protagonisti i celebri personaggi dell'infanzia – da Titti a Gatto Silvestro, da Roger Rabbit a Tom & Jerry. La prima parte del gruppo viene intrattenuta da un interprete che <u>non</u> si serve di alcun aiuto somatico e che tiene le mani conserte dietro la schiena. Il secondo gruppetto viene divertito dal medesimo narratore con la sola differenza che quest'ultimo comincia a gesticolare per trasmettere le vicende dei personaggi con maggior accuratezza, creatività e *verve*. I due "team" di volontari vengono intervistati a distanza di una decina di minuti. Il risultato non lascia dubbi: coloro che hanno assistito alla rappresentazione teatralizzata ricordano dettagli della storia in modo molto più chiaro e definito di quanto non avvenga per la controparte annoiata.

La gestualità, in altre parole, influisce sulle capacità di **memorizzazione** *degli esseri umani.*

#10 – Quando **le mani del nostro interlocutore sono irrequiete** – cioè tamburellano su una superficie, giocano con il tappo della penna o spostano gli oggetti sul tavolino del bar e sulla scrivania in ufficio – diventiamo spesso diffidenti e nervosi. La controparte è infatti inquieta e nervosa per *qualcosa/qualcuno* e finisce per contagiarci con la sua agitazione!

#11 – Se la controparte tiene **le mani in tasca** durante la conversazione, l'interlocutore diventa spesso diffidente. I gesti sono infatti il modo più efficace per rendere comprensibili concetti complessi e/o astratti. In aggiunta, l'ascoltatore che poggia il peso del corpo *sulle tasche* trasmette un messaggio estremamente negativo (in certi contesti): «non ho intenzione di agire». Ancora una volta, ricordo distintamente l'avversione dei miei professori liceali per i compagni di classe che ripetevano la lezione del giorno con le mani nelle tasche e con atteggiamento un po' dinoccolato, in piedi alla lavagna!

#12 – Il **gesto delle mani giunte** è il «falso amico» degli studenti di comunicazione non verbale alle prime armi.

Sebbene si accompagni spesso a un sorriso smagliante, indica frustrazione e urgenza di ribaltare il corso degli eventi. Qualche mese fa mi sono recato nell'ipermercato della mia città per acquistare un nuovo telefono cellulare. Dopo aver optato per il modello più conveniente del negozio di elettronica, mi sono imbattuto in un giovane venditore sulla trentina. Il ragazzo mi fa cenno di avvicinarmi al suo banchetto e inizia a parlarmi con enfasi ed estrema velocità del nuovo pacchetto «All-Inclusive» con cui attivare la nuova fibra in casa, il tutto a prezzi concorrenziali (a suo dire). È stato molto interessante notare la trasformazione graduale dei suoi gesti: dapprima ampi e accoglienti, si facevano via via sempre più chiusi e ristretti. Il mio scarso interesse per la promozione lo rendeva nervoso e gli faceva intuire che l'affare gli stava sfuggendo di mano. Dopo cinque minuti di conversazione, il venditore ha stretto le mani davanti a sé e mi ha rivolto un sorriso smagliante: era chiaro stesse soffocando un pensiero negativo o un sentimento di disappunto a causa della mia poca partecipazione. Insomma, la posizione delle mani giunte viene assunta da chi si rende conto di *non* essere convincente. Tre le varianti: le mani giunte davanti al viso, le mani giunte sul tavolo – *la posizione preferita da molti presentatori del telegiornale* – e le mani giunte all'altezza dell'inguine, quando la persona è in posizione eretta.

#13 – **Le mani dietro la schiena** sono non soltanto la posizione con cui mio nonno era solito commentare l'operato dei muratori in fondo alla strada – *ah, la sua passione per i cantieri!* – ma anche il gesto preferito da tutti i leader che detengono una posizione di potere. È estremamente comune tra gli agenti di Polizia e dei

Carabinieri, tra i presidi e gli insegnanti, nonché tra i militari di grado più elevato. Le mani dietro la schiena sono dunque la diretta espressione di superiorità e sicurezza in sé stessi. Il motivo? Lasciare gli organi vitali alla mercè dei presenti – mi riferisco al cuore, ai polmoni, all'addome e all'inguine – è un gesto inconscio che veicola coraggio, maturità e forza interiore. Attenzione però: nel caso in cui la controparte dovesse stringere **il polso dietro la schiena**, trasmetterà piuttosto rabbia e urgenza di mantenere autocontrollo. *Tanto più salda è la presa, quanto più infuriato è il soggetto con cui ti relazioni!*

#14 – Quando l'interlocutore **afferra il bordo del tavolo, della sedia o della spalliera con le mani** manifesta incertezza e nervosismo. Letteralmente, lui/lei «sta cercando un appiglio».

#15 – Infine, occhio ai pollici! *Mio caro lettore*, **il pollice** è correlato a uno stato mentale e fisico di potere e superiorità. Non è un caso che gli antichi generali romani stabilissero il destino dei gladiatori che si davano battaglia nel Colosseo sollevando o abbassando il primo dito della mano. Al giorno d'oggi, qualunque sia la posizione delle braccia assunta dal tuo interlocutore, ti consiglio di analizzare con attenzione l'eventuale sporgenza del pollice. Quest'ultimo trasmette un sentimento di superiorità e un bisogno di ridicolizzare l'altra persona. Gli uomini tendono infatti a puntare il dito in direzione di *qualcuno o qualcosa* per dimostrarne l'inferiorità. Le donne, invece, si limitano a usare il pollice per attirare l'attenzione su un individuo sgradito.

Capitolo 7 – L'importanza dell'ambiente e dell'osservazione

Ho recentemente affrontato la lettura di un *masterpiece* della comunicazione non verbale. *Non mi freghi* è il bestseller di Joe Navarro, l'agente dell'FBI conosciuto negli Stati Uniti d'America come la «macchina della verità umana». Il manuale si concentra non soltanto sui segnali più comuni del linguaggio somatico, ma passa in rassegna alcune valide strategie per comprendere *quello che le persone non dicono*. Lo so, non è semplice familiarizzare con il linguaggio del corpo quando si è a contatto con amici e sconosciuti. È molto comune farsi governare dall'imbarazzo e pensare *«ma chi me lo fa fare? Rischio di fare una figuraccia se continuo a osservare la punta dei piedi del mio coinquilino!».*

D'altro canto, mi piace paragonare l'apprendimento della comunicazione non verbale a un'altra esperienza cardine della nostra infanzia: *andare in bicicletta*. Ricordi quando hai tentato di governare la tua bici per la prima volta? Sentivi di perdere l'equilibrio e non avevi alcun controllo sul mezzo a due ruote. A distanza di anni, sono sicuro del fatto che tu abbia sviluppato un'ottima adattabilità; riesci a goderti il panorama, a pedalare con una mano sola, a sfrecciare nel traffico e a fare lo slalom in modo impeccabile tra le buche e i tombini dell'asfalto – *almeno se, come me, abiti a Roma!* In altre parole, un processo apparentemente complesso è diventato parte del tuo background di esperienze.

Non hai bisogno di pensare *«devo salire in sella così, mettere il piede sul pedale e premere con il piede, prima con uno e poi con l'altro...».* Salti a bordo della tua due ruote e parti! Discorso analogo vale per l'apprendimento del linguaggio del corpo: una volta che avrai familiarizzato con i segnali basici e avrai compreso a grandi linee come creare i tuoi cluster somatici – che ti ricordo essere l'insieme di due o più segnali coerenti tra loro – non dovrai fare altro che decodificare l'ambiente circostante. Il tutto avverrà in modo inconscio e spontaneo!

In accordo alle strategie di Navarro, ti suggerisco quindi di prestare attenzione allo spazio che ti circonda. Diversi studi scientifici hanno dimostrato quanto la soglia attenzionale delle persone sia bassa, *anzi bassissima!* La citazione del buon Sherlock - «lei vede ma non osserva, Mr Watson» - non potrebbe essere più vera: tutti noi scendiamo in strada, facciamo la fila al supermercato, guidiamo la nostra macchina e facciamo due passi in centro servendoci di uno <u>sforzo di osservazione</u> minimo. Come se non bastasse, la stragrande maggioranza delle persone preferisce rivolgere lo sguardo allo schermo del proprio smartphone o «staccare la spina» ascoltando musica negli auricolari. Insomma, sembra impossibile che qualcuno presti attenzione ai <u>dettagli rivelatori</u> di una postura, di un pollice o di un respiro più corto del dovuto! Questa stessa *«visione ceca»* di cui siamo vittime – chi più chi meno, in quanto esiste sempre margine di allenamento – viene impiegata da illusionisti e maghi per intrattenere gli spettatori disattenti, a dimostrazione del fatto che l'arte della prestidigitazione è non soltanto molto complessa, ma anche tremendamente affascinante.

A riprova del fatto che il focus dell'individuo medio si limiti spesso a una banale «osservazione ceca», voglio renderti partecipe di un test di ricerca estremamente popolare. Ideato dai due ricercatori di Harvard *Daniel Simons e Christopher Chabris*, è reperibile su YouTube e non richiede più di cinque minuti. I lettori della versione e-book possono accedervi a questo link[6], mentre i possessori del libro cartaceo non dovranno fare altro che digitare «*selective attention test*» nella barra di ricerca. Ti ricordo infine che esiste un sito ufficiale[7] per reperire tutte le implicazioni scientifiche desunte dal curioso esperimento.

---

[6] Link al video dell'esperimento:
https://www.youtube.com/watch?v=vJG698U2Mvo
[7] Link del sito: http://www.theinvisiblegorilla.com/

Le istruzioni sono molto semplici: contare quanti sono i passaggi di palla della squadra bianca.

Il resto verrà da sé!

Mio caro lettore, se vuoi esercitare uno sguardo consapevole sul mondo che ti circonda, devi innanzitutto allenare quella che Navarro definisce **«l'osservazione concentrata»**. Con il tempo, comprenderai *come* e *quando* attivare simultaneamente i cinque sensi che hai a disposizione per scoprire eventuali incongruenze tra il linguaggio del corpo e la comunicane orale dei tuoi interlocutori. In aggiunta a quanto detto, ti suggerisco di analizzare le cosiddette **idiosincrasie** delle persone con cui trascorri gran parte delle tue giornate. Queste ultime sono segnali di opposizione, rifiuto e repulsione per *qualcuno* o *qualcosa.* Formano spesso degli <u>schemi comportamentali fissi</u> che possono essere reinterpretati all'occorrenza senza necessità di riformare il cluster somatico da zero. Un esempio? Il tuo compagno di studi che si gratta la testa e mordicchia il labbro inferiore prima di un esame sta inconsciamente testimoniando la sua scarsa preparazione universitaria. Qualora lui/lei dovesse ripetere lo stesso pattern somatico in un ristorante o in occasione di una serata tra amici, potrai facilmente giungere alla conclusione che sia indispettito/innervosito per qualcosa.

A tal proposito, tieni a mente il consiglio di Navarro: *«la miglior previsione del comportamento futuro è _il comportamento passato_».*

Conclusioni

Mio caro lettore, siamo giunti al termine del nostro viaggio alla scoperta della comunicazione non verbale, della prossemica e del linguaggio del corpo. Grazie per avermi tenuto compagnia e per aver riposto fiducia nel mio primo manuale. Mi auguro che il sunto delle migliori tecniche espressive ti sia piaciuto e ti sia stato utile per migliorare alcuni aspetti della relazione con gli altri. Se così è stato sarebbe davvero grandioso ricevere un feedback su Amazon: le recensioni sono infatti il modo migliore per aiutarmi a diffondere le basi del linguaggio del corpo in modo semplice, pratico e tangibile. Se invece desideri proseguire il tuo percorso di studi con qualcosa di più *advanced* ho due consigli per te: **A**) mettere le mani sui libri citati nelle pagine precedenti e **B**) tenerti informato in merito alle nuove pubblicazioni della mia collana. Ho molte altre informazioni *top-secret* da condividere con chi – *proprio come te* – è appassionato di psicologia e di comunicazione.

A presto, Nicola Carbone